# लघु सिद्धान्त कौमुदी - अष्टाध्यायी क्रम

पाणिनी

Made with ♥ on the Notion Press Platform
www.notionpress.com

# क्रम-सूची

# प्रथम अध्याय

## प्रत्याहार सूत्र

अइउण् ।
ऋऌक् ।
एओङ् ।
ऐऔच् ।
हयवरट् ।
लण् ।
ञमङणनम् ।
झभञ् ।
घढधष् ।
जबगडदश् ।
खफछठथचटतव् ।
कपय् ।
शषसर् ।
हल् ।

# प्रथम अध्याय - प्रथम पाद

1.1.1

वृद्धिरादैच् ।

1.1.2

अदेङ् गुणः ।

1.1.5

ग्क्ङिति च ।

1.1.7

हलोऽनन्तराः संयोगः ।

1.1.8

मुखनासिकावचनोऽनुनासिकः ।

1.1.9

तुल्यास्यप्रयत्नं सवर्णम् ।

1.1.10

नाज्झलौ ।

1.1.11

ईदूदेद्द्विवचनं प्रगृह्यम् ।

1.1.12

अदसो मात् ।

1.1.14

निपात एकाजनाङ् ।

1.1.15

ओत् ।

1.1.16

सम्बुद्धौ शाकल्यस्येतावनार्षे ।

1.1.20

दाधा घ्वदाप् ।

1.1.21

आद्यन्तवदेकस्मिन् ।

1.1.22

तरप्तमपौ घः ।

1.1.23

बहुगणवतुडति संख्या ।

1.1.24

ष्णान्ता षट् ।

1.1.25

डति च ।

1.1.26

क्तक्तवतू निष्ठा ।

1.1.27

सर्वादीनि सर्वनामानि ।

1.1.28

विभाषा दिक्समासे बहुव्रीहौ ।

1.1.33

प्रथमचरमतयाल्पार्धकतिपयनेमाश्च ।

1.1.34

पूर्वपरावरदक्षिणोत्तरापराधराणि

1.1.35

स्वमज्ञातिधनाख्यायाम् ।

1.1.36

अन्तरं बहिर्योगोपसंव्यानयोः ।

1.1.37

स्वरादिनिपातमव्ययम् ।

1.1.38

तद्धितश्चासर्वविभक्तिः ।

1.1.39

कृन्मेजन्तः ।

1.1.40

क्त्वातोसुन्कसुनः ।

1.1.41

अव्ययीभावश्च ।

1.1.42

शि सर्वनामस्थानम् ।

1.1.43

सुडनपुंसकस्य ।

1.1.45

इग्यणः सम्प्रसारणम् ।

1.1.46

आद्यन्तौ टकितौ ।

1.1.47

मिदचोऽन्त्यात्परः ।

1.1.48

एच इग्घ्रस्वादेशे ।

1.1.50

स्थानेऽन्तरतमः ।

1.1.51

उरण् रपरः ।

1.1.52

अलोऽन्त्यस्य ।

1.1.53

ङिच्च ।

1.1.54

आदेः परस्य ।

1.1.55

अनेकाल्शित्सर्वस्य ।

1.1.56

स्थानिवदादेशोऽनल्विधौ ।

1.1.57

अचः परस्मिन् पूर्वविधौ ।

1.1.59

द्विर्वचनेऽचि ।

1.1.60

अदर्शनं लोपः ।

1.1.61

प्रत्ययस्य लुक्श्लुलुपः ।

1.1.62

प्रत्ययलोपे प्रत्ययलक्षणम् ।

1.1.63

न लुमताऽङ्गस्य ।

1.1.64

अचोऽन्त्यादि टि ।

1.1.65

अलोऽन्त्यात् पूर्व उपधा ।

1.1.66

तस्मिन्निति निर्दिष्टे पूर्वस्य ।

1.1.67

तस्मादित्युत्तरस्य ।

1.1.69

अणुदित् सवर्णस्य चाप्रत्ययः ।

1.1.70

तपरस्तत्कालस्य ।

1.1.71

आदिरन्त्येन सहेता ।

1.1.73

वृद्धिर्यस्याचामादिस्तद् वृद्धम् ।

1.1.74

त्यदादीनि च ।

৩

1.1.1

वृद्धिरादैच् ।

1.1.2

अदेङ् गुणः ।

1.1.5

ग्क्ङिति च ।

1.1.7

हलोऽनन्तराः संयोगः ।

1.1.8

मुखनासिकावचनोऽनुनासिकः ।

1.1.9

तुल्यास्यप्रयत्नं सवर्णम् ।

1.1.10

नाज्झलौ ।

1.1.11

ईदूदेदि्द्विवचनं प्रगृह्यम् ।

1.1.12

अदसो मात् ।

1.1.14

निपात एकाजनाङ् ।

1.1.15

ओत् ।

1.1.16

सम्बुद्धौ शाकल्यस्येतावनार्षे ।

1.1.20

दाधा घ्वदाप् ।

1.1.21

आद्यन्तवदेकस्मिन् ।

1.1.22

तरप्तमपौ घः ।

1.1.23

बहुगणवतुडति संख्या ।

1.1.24

ष्णान्ता षट् ।

1.1.25

डति च ।

1.1.26

क्तक्तवतू निष्ठा ।

1.1.27

सर्वादीनि सर्वनामानि ।

1.1.28

विभाषा दिक्समासे बहुव्रीहौ ।

1.1.33

प्रथमचरमतयाल्पार्धकतिपयनेमाश्च ।

1.1.34

पूर्वपरावरदक्षिणोत्तरापराधराणि

1.1.35

स्वमज्ञातिधनाख्यायाम् ।

1.1.36

अन्तरं बहिर्योगोपसंव्यानयोः ।

1.1.37

स्वरादिनिपातमव्ययम् ।

1.1.38

तद्धितश्चासर्वविभक्तिः ।

1.1.39

कृन्मेजन्तः ।

1.1.40

क्त्वातोसुन्कसुनः ।

1.1.41

अव्ययीभावश्च ।

1.1.42

शि सर्वनामस्थानम् ।

1.1.43

सुडनपुंसकस्य ।

1.1.45

इग्यणः सम्प्रसारणम् ।

1.1.46

आद्यन्तौ टकितौ ।

1.1.47

मिदचोऽन्त्यात्परः ।

1.1.48

एच इग्घ्रस्वादेशे ।

1.1.50

स्थानेऽन्तरतमः ।

1.1.51

उरण् रपरः ।

1.1.52

अलोऽन्त्यस्य ।

1.1.53

ङिच्च ।

1.1.54

आदेः परस्य ।

1.1.55

अनेकाल्शित्सर्वस्य ।

1.1.56

स्थानिवदादेशोऽनल्विधौ ।

1.1.57

अचः परस्मिन् पूर्वविधौ ।

1.1.59

द्विर्वचनेऽचि ।

1.1.60

अदर्शनं लोपः ।

1.1.61

प्रत्ययस्य लुक्श्लुलुपः ।

1.1.62

प्रत्ययलोपे प्रत्ययलक्षणम् ।

1.1.63

न लुमताऽङ्गस्य ।

1.1.64

अचोऽन्त्यादि टि ।

1.1.65

अलोऽन्त्यात् पूर्व उपधा ।

1.1.66

तस्मिन्निति निर्दिष्टे पूर्वस्य ।

1.1.67

तस्मादित्युत्तरस्य ।

1.1.69

अणुदित् सवर्णस्य चाप्रत्ययः ।

1.1.70

तपरस्तत्कालस्य ।

1.1.71

आदिरन्त्येन सहेता ।

1.1.73

वृद्धिर्यस्याचामादिस्तद् वृद्धम् ।

1.1.74

त्यदादीनि च ।

# प्रथम अध्याय - द्वितीय पाद

1.2.1

गाङ्कुटादिभ्योऽञ्णिन्ङ् इत् ।

1.2.2

विज इट् ।

1.2.3

विभाषोर्णोः ।

1.2.4

सार्वधातुकमपित् ।

1.2.5

असंयोगाल्लिट् कित् ।

1.2.9

इको झल् ।

1.2.10

हलन्ताच्च ।

1.2.11

लिङ्सिचावात्मनेपदेषु ।

1.2.12

उश्च ।

1.2.17

स्था घ्वोरिच्च ।

1.2.18

न क्त्वा सेट् ।

1.2.26

रलो व्युपधाद्धलादेः संश्च ।

1.2.27

ऊकालोऽज्झ्रस्वदीर्घप्लुतः ।

1.2.29

उच्चैरुदात्तः ।

1.2.30

नीचैरनुदात्तः ।

1.2.31

समाहारः स्वरितः ।

1.2.41

अपृक्त एकाल् प्रत्ययः ।

1.2.42

तत्पुरुषः समानाधिकरणः कर्मधारयः ।

1.2.43

प्रथमानिर्दिष्टं समास उपसर्जनम् ।

1.2.44

एकविभक्ति चापूर्वनिपाते ।

1.2.45

अर्थवदधातुरप्रत्ययः प्रातिपदिकम् ।

1.2.46

कृत्तद्धितसमासाश्च ।

1.2.47

ह्रस्वो नपुंसके प्रातिपदिकस्य ।

1.2.48

गोस्त्रियोरुपसर्जनस्य ।

1.2.51

लुपि युक्तवद्व्यक्तिवचने ।

1.2.64

सरूपाणामेकशेष एकविभक्तौ ।

1.2.70

पिता मात्रा ।

1.2.1

गाङ्कुटादिभ्योऽञ्णिन्ङ् इत् ।

1.2.2

विज इट् ।

1.2.3

विभाषोर्णोः ।

1.2.4

सार्वधातुकमपित् ।

1.2.5

असंयोगाल्लिट् कित् ।

1.2.9

इको झल् ।

1.2.10

हलन्ताच्च ।

1.2.11

लिङ्सिचावात्मनेपदेषु ।

1.2.12

उश्च ।

1.2.17

स्था घ्वोरिच्च ।

1.2.18

न क्त्वा सेट् ।

1.2.26

रलो व्युपधाद्धलादेः संश्च ।

1.2.27

ऊकालोऽज्झ्रस्वदीर्घप्लुतः ।

1.2.29

उच्चैरुदात्तः ।

1.2.30

नीचैरनुदात्तः ।

1.2.31

समाहारः स्वरितः ।

1.2.41

अपृक्त एकाल् प्रत्ययः ।

1.2.42

तत्पुरुषः समानाधिकरणः कर्मधारयः ।

1.2.43

प्रथमानिर्दिष्टं समास उपसर्जनम् ।

1.2.44

एकविभक्ति चापूर्वनिपाते ।

1.2.45

अर्थवदधातुरप्रत्ययः प्रातिपदिकम् ।

1.2.46

कृत्तद्धितसमासाश्च ।

1.2.47

ह्रस्वो नपुंसके प्रातिपदिकस्य ।

1.2.48

गोस्त्रियोरुपसर्जनस्य ।

1.2.51

लुपि युक्तवद्व्यक्तिवचने ।

1.2.64

सरूपाणामेकशेष एकविभक्तौ ।

1.2.70

पिता मात्रा ।

# प्रथम अध्याय - तृतीय पाद

1.3.1

भ्वादयो धातवः ।

1.3.2

उपदेशेऽजनुनासिक इत् ।

1.3.3

हलन्त्यम् ।

1.3.4

न विभक्तौ तुस्माः ।

1.3.5

आदिर्ञिटुडवः ।

1.3.6

षः प्रत्ययस्य ।

1.3.7

चुटू ।

1.3.8

लशक्वतद्धिते ।

1.3.9

तस्य लोपः ।

1.3.10

यथासंख्यमनुदेशः समानाम् ।

1.3.12

अनुदात्तङित आत्मनेपदम् ।

1.3.13

भावकर्म्मणोः ।

1.3.14

कर्त्तरि कर्म्मव्यतिहारे ।

1.3.15

न गतिहिंसार्थेभ्यः ।

1.3.17

नेर्विशः ।

1.3.18

परिव्यवेभ्यः क्रियः ।

1.3.19

विपराभ्यां जेः ।

1.3.22

समवप्रविभ्यः स्थः ।

1.3.32

गन्धनावक्षेपणसेवनसाहसिक्यप्रतियत्नप्रकथनोपयोगेषु कृञः ।

1.3.44

अपह्नवे ञः ।

1.3.45

अकर्मकाच्च ।

1.3.53

उदश्चरः सकर्मकात् ।

1.3.54

समस्तृतीयायुक्तात् ।

1.3.55

दाणश्च सा चेच्चतुर्थ्यर्थे ।

1.3.60

शदेः शितः ।

1.3.61

म्रियतेर्लुङ्लिङोश्च ।

1.3.62

पूर्ववत् सनः ।

1.3.63

आम्प्रत्ययवत् कृञोऽनुप्रयोगस्य ।

1.3.66

भुजोऽनवने ।

1.3.72

स्वरितञितः कर्त्रभिप्राये क्रियाफले ।

1.3.74

णिचश्च ।

1.3.78

शेषात् कर्तरि परस्मैपदम् ।

1.3.79

अनुपराभ्यां कृञः ।

1.3.80

अभिप्रत्यतिभ्यः क्षिपः ।

1.3.81

प्राद्वहः ।

1.3.82

परेर्मृषः ।

1.3.83

व्याङ्परिभ्यो रमः ।

1.3.84

उपाच्च ।

1.3.91

द्युद्भ्यो लुङि ।

1.3.92

वृद्भ्यः स्यसनोः ।

౬౨

# प्रथम अध्याय - चतुर्थ पाद

1.4.1

आ कडारादेका संज्ञा ।

1.4.2

विप्रतिषेधे परं कार्यम् ।

1.4.3

यू स्त्र्याख्यौ नदी ।

1.4.4

नेयङुवङ्स्थानावस्त्री ।

1.4.5

वाऽऽमि ।

1.4.6

ङिति ह्रस्वश्च ।

1.4.7

शेषो घ्यसखि ।

1.4.8

पतिः समास एव ।

1.4.10

ह्रस्वं लघु ।

1.4.11

संयोगे गुरु ।

1.4.12

दीर्घं च ।

1.4.13

यस्मात् प्रत्ययविधिस्तदादि प्रत्ययेऽङ्गम् ।

1.4.14

सुप्तिङन्तं पदम् ।

1.4.15

नः क्ये ।

1.4.17

स्वादिष्वसर्वनामस्थाने ।

1.4.18

यचि भम् ।

1.4.19

तसौ मत्वर्थे ।

1.4.21

बहुषु बहुवचनम् ।

1.4.22

द्व्येकयोर्द्विवचनैकवचने ।

1.4.24

ध्रुवमपायेऽपादानम् ।

1.4.32

कर्मणा यमभिप्रैति स सम्प्रदानम् ।

1.4.42

साधकतमं करणम् ।

1.4.45

आधारोऽधिकरणम् ।

1.4.49

कर्तुरीप्सिततमं कर्म ।

1.4.51

अकथितं च ।

1.4.55

तत्प्रयोजको हेतुश्च ।

1.4.57

चादयोऽसत्त्वे ।

1.4.58

प्रादयः ।

1.4.59

उपसर्गाः क्रियायोगे ।

1.4.60

गतिश्च ।

1.4.61

ऊर्यादिच्विडाचश्च ।

1.4.80

ते प्राग्धातोः ।

1.4.99

लः परस्मैपदम् ।

1.4.100

तङानावात्मनेपदम् ।

1.4.101

तिङस्त्रीणि त्रीणि प्रथममध्यमोत्तमाः ।

1.4.102

तान्येकवचनद्विवचनबहुवचनान्येकशः ।

1.4.103

सुपः ।

1.4.104

विभक्तिश्च ।

1.4.105

युष्मद्युपपदे समानाधिकरणे स्थानिन्यपि मध्यमः ।

1.4.107

अस्मद्युत्तमः ।

1.4.108

शेषे प्रथमः ।

1.4.109

परः संनिकर्षः संहिता ।

1.4.110

विरामोऽवसानम् ।

# 2

# द्वितीय अध्याय

# द्वितीय अध्याय - प्रथम पाद

2.1.1

समर्थः पदविधिः ।

2.1.3

प्राक् कडारात् समासः ।

2.1.4

सह सुपा ।

2.1.5

अव्ययीभावः ।

2.1.6

अव्ययं विभक्तिसमीपसमृद्धिव्यृद्ध्यर्थाभावात्ययासम्प्रतिशब्दप्रादुर्भाव
पश्चाद्यथाऽऽनुपूर्व्ययौगपद्यसादृश्यसम्पत्तिसाकल्यान्तवचनेषु ।

2.1.20

नदीभिश्च ।

2.1.22

तत्पुरुषः ।

2.1.23

द्विगुश्च ।

2.1.24

द्वितीया श्रितातीतपतितगतात्यस्तप्राप्तापन्नैः ।

2.1.30

तृतीया तत्कृतार्थेन गुणवचनेन ।

2.1.32

कर्तृकरणे कृता बहुलम् ।

2.1.36

चतुर्थी तदर्थार्थबलिहितसुखरक्षितैः ।

2.1.37

पञ्चमी भयेन ।

2.1.39

स्तोकान्तिकदूरार्थकृच्छ्राणि क्तेन ।

2.1.40

सप्तमी शौण्डैः ।

2.1.50

दिक्संख्ये संज्ञायाम् ।

2.1.51

तद्धितार्थोत्तरपदसमाहारे च ।

2.1.52

संख्यापूर्वो द्विगुः ।

2.1.55

उपमानानि सामान्यवचनैः ।

2.1.57

विशेषणं विशेष्येण बहुलम् ।

⚬⚬

# द्वितीय अध्याय - द्वितीय पाद

2.2.1

पूर्वापराधरोत्तरमेकदेशिनैकाधिकरणे ।

2.2.2

अर्धं नपुंसकम् ।

2.2.4

प्राप्तापन्ने च द्वितीयया ।

2.2.6

नञ् ।

2.2.8

षष्ठी ।

2.2.18

कुगतिप्रादयः ।

2.2.19

उपपदमतिङ् ।

2.2.23

शेषो बहुव्रीहिः ।

2.2.24

अनेकमन्यपदार्थे ।

2.2.29

चार्थे द्वंद्वः ।

2.2.30

उपसर्जनं पूर्वम् ।

2.2.31

राजदन्तादिषु परम् ।

2.2.32

द्वंद्वे घि ।

2.2.33

अजाद्यदन्तम् ।

2.2.34

अल्पाच्तरम् ।

2.2.35

सप्तमीविशेषणे बहुव्रीहौ ।

2.2.36

निष्ठा ।

☙

# द्वितीय अध्याय - तृतीय पाद

2.3.2

कर्मणि द्वितीया ।

2.3.13

चतुर्थी सम्प्रदाने ।

2.3.16

नमःस्वस्तिस्वाहास्वधालंवषड्योगाच्च ।

2.3.18

कर्तृकरणयोस्तृतीया ।

2.3.28

अपादाने पञ्चमी ।

2.3.36

सप्तम्यधिकरणे च ।

2.3.46

प्रातिपदिकार्थलिङ्गपरिमाणवचनमात्रे प्रथमा ।

2.3.47

सम्बोधने च ।

2.3.49

एकवचनं संबुद्धिः ।

2.3.50

षष्ठी शेषे ।

ॐ

# द्वितीय अध्याय - चतुर्थ पाद

2.4.1

द्विगुरेकवचनम् ।

2.4.2

द्वंद्वश्च प्राणितूर्यसेनाङ्गानाम् ।

2.4.17

स नपुंसकम् ।

2.4.18

अव्ययीभावश्च ।

2.4.26

परवल्लिङ्गं द्वन्द्वतत्पुरुषयोः ।

2.4.29

रात्राह्नाहाः पुंसि ।

2.4.31

अर्धर्चाः पुंसि च ।

2.4.34

द्वितीयाटौस्स्वेनः ।

2.4.35

आर्द्धधातुके ।

2.4.37

लुङ्सनोर्घस्लृ ।

2.4.40

लिट्यन्यतरस्याम् ।

2.4.42

हनो वध लिङि ।

2.4.43

लुङि च ।

2.4.45

इणो गा लुङि ।

2.4.49

गाङ् लिटि ।

2.4.50

विभाषा लुङ्लृङोः ।

2.4.52

अस्तेर्भूः ।

2.4.53

ब्रुवो वचिः ।

2.4.62

तद्राजस्य बहुषु तेनैवास्त्रियाम् ।

2.4.64

यञञोश्च ।

2.4.71

सुपो धातुप्रातिपदिकयोः ।

2.4.72

अदिप्रभृतिभ्यः शपः ।

2.4.74

यङोऽचि च ।

2.4.75

जुहोत्यादिभ्यः श्लुः ।

2.4.77

गतिस्थाघुपाभूभ्यः सिचः परस्मैपदेषु ।

2.4.78

विभाषा घ्राधेट्शाच्छासः ।

2.4.79

तनादिभ्यस्तथासोः ।

2.4.81

आमः ।

2.4.82

अव्ययादाप्सुपः ।

2.4.83

नाव्ययीभावादतोऽम्त्वपञ्चम्याः ।

2.4.84

तृतीयासप्तम्योर्बहुलम् ।

2.4.85

लुटः प्रथमस्य डारौरसः ।

෮෨

# 3

# तृतीय अध्याय

# तृतीय अध्याय - प्रथम पाद

3.1.1

प्रत्ययः ।

3.1.2

परश्च ।

3.1.7

धातोः कर्मणः समानकर्तृकादिच्छायां वा ।

3.1.8

सुप आत्मनः क्यच् ।

3.1.9

काम्यच्च ।

3.1.10

उपमानादाचारे ।

3.1.14

कष्टाय क्रमणे ।

3.1.17

शब्दवैरकलहाभ्रकण्वमेघेभ्यः करणे ।

3.1.22

धातोरेकाचो हलादेः क्रियासमभिहारे यङ् ।

3.1.23

नित्यं कौटिल्ये गतौ ।

3.1.25

सत्यापपाशरूपवीणातूलश्लोकसेनालोमत्वचवर्मवर्णचूर्णचुरादिभ्यो णिच् ।

3.1.26

हेतुमति च ।

3.1.27

कण्ड्वादिभ्यो यक् ।

3.1.28

गुपूधूपविच्छिपणिपनिभ्य आयः ।

3.1.30

कमेर्णिङ् ।

3.1.31

आयादय आर्धद्धातुके वा ।

3.1.32

सनाद्यन्ता धातवः ।

3.1.33

स्यतासी लृलुटोः ।

3.1.36

इजादेश्च गुरुमतोऽनृच्छः ।

3.1.37

दयायासश्च ।

3.1.38

उषविदजागृभ्योऽन्यतरस्याम् ।

3.1.39

भीह्रीभृहुवां श्लुवच्च ।

3.1.40

कृञ् चानुप्रयुज्यते लिटि ।

3.1.41

विदाङ्कुर्वन्त्वित्यन्यतरस्याम् ।

3.1.43

च्लि लुङि ।

3.1.44

च्लेः सिच् ।

3.1.45

शल इगुपधादनिटः क्सः ।

3.1.48

णिश्रिद्रुसुभ्यः कर्तरि चङ् ।

3.1.52

अस्यतिवक्तिख्यातिभ्यः अङ् ।

3.1.53

लिपिसिचिह्वश्च ।

3.1.54

आत्मनेपदेष्वन्यतरस्याम् ।

3.1.55

पुषादिद्द्युताद्यॄदितः परस्मैपदेषु ।

3.1.57

इरितो वा ।

3.1.58

जॄस्तम्भुम्रुचुम्लुचुग्रुचुग्लुचुञ्चुश्विभ्यश्च ।

3.1.60

चिण् ते पदः ।

3.1.61

दीपजनबुधपूरितायिप्यायिभ्योऽन्यतरस्याम् ।

3.1.65

तपोऽनुतापे च ।

3.1.66

चिण् भावकर्मणोः ।

3.1.67

सार्वधातुके यक् ।

3.1.68

कर्तरि शप् ।

3.1.69

दिवादिभ्यः श्यन् ।

3.1.70

वा भ्राशभ्लाशभ्रमुक्रमुक्लमुत्रसित्रुटिलषः ।

3.1.73

स्वादिभ्यः श्नुः ।

3.1.74

श्रुवः शृ च ।

3.1.77

तुदादिभ्यः शः ।

3.1.78

रुधादिभ्यः श्नम् ।

3.1.79

तनादिकृञ्भ्य उः ।

3.1.81

क्र्यादिभ्यः श्ना ।

3.1.82

स्तम्भुस्तुम्भुस्कम्भुस्कुम्भुस्कुञ्भ्यः श्नुश्च ।

3.1.83

हलः श्नः शानज्झौ ।

3.1.87

कर्मवत् कर्मणा तुल्यक्रियः ।

3.1.91

धातोः ।

3.1.92

तत्रोपपदं सप्तमीस्थम् ।

3.1.93

कृदतिङ् ।

3.1.94

वाऽसरूपोऽस्त्रियाम् ।

3.1.95

कृत्याः प्राङ् ण्वुलः ।

3.1.96

तव्यत्तव्यानीयरः ।

3.1.97

अचो यत् ।

3.1.98

पोरदुपधात् ।

3.1.109

एतिस्तुशस्वृदृजुषः क्यप् ।

3.1.113

मृजेर्विभाषा ।

3.1.124

ऋहलोर्ण्यत् ।

3.1.133

ण्वुल्तृचौ ।

3.1.134

नन्दिग्रहिपचादिभ्यो ल्युणिन्यचः ।

3.1.135

इगुपधज्ञाप्रीकिरः कः ।

3.1.136

आतश्चोपसर्गे ।

3.1.144

गेहे कः ।

# तृतीय अध्याय - द्वितीय पाद

3.2.1

कर्मण्यण् ।

3.2.3

आतोऽनुपसर्गे कः ।

3.2.16

चरेष्टः ।

3.2.17

भिक्षासेनाऽऽदायेषु च ।

3.2.20

कृञो हेतुताच्छील्यानुलोम्येषु ।

3.2.28

एजेः खश् ।

3.2.38

प्रियवशे वदः खच् ।

3.2.58

स्पृशोऽनुदके क्विन् ।

3.2.59

ऋत्विग्दधृक्स्रग्दिगुष्णिगञ्चुयुजिक्रुञ्चां च ।

3.2.60

त्यदादिषु दृशोऽनालोचने कञ् च ।

3.2.75

अन्येभ्योऽपि दृश्यन्ते ।

3.2.76

क्विप् च ।

3.2.78

सुप्यजातौ णिनिस्ताच्छील्ये ।

3.2.82

मनः ।

3.2.83

आत्ममाने खश्च ।

3.2.85

करणे यजः ।

3.2.94

दृशेः क्वनिप् ।

3.2.95

राजनि युधिकृञः ।

3.2.96

सहे च ।

3.2.97

सप्तम्यां जनेर्डः ।

3.2.99

उपसर्गे च संज्ञायाम् ।

3.2.102

निष्ठा ।

3.2.106

लिटः कानज्वा ।

3.2.107

क्वसुश्च ।

3.2.110

लुङ् ।

3.2.111

अनद्यतने लङ् ।

3.2.112

अभिज्ञावचने लृट् ।

3.2.113

न यदि ।

3.2.115

परोक्षे लिट् ।

3.2.118

लट् स्मे ।

3.2.123

वर्तमाने लट् ।

3.2.124

लटः शतृशानचावप्रथमासमानाधिकरणे ।

3.2.127

तौ सत् ।

3.2.134

आक्वेस्तच्छीलतद्धर्मतत्साधुकारिषु ।

3.2.135

तृन् ।

3.2.155

जल्पभिक्षकुट्टलुण्टवृङः षाकन् ।

3.2.168

सनाशंसभिक्ष उः ।

3.2.177

भ्राजभासधुर्विद्युतोर्जिपृजुग्रावस्तुवः क्विप् ।

3.2.182

दाम्नीशसयुयुजस्तुतुदसिसिचमिहपतदशनहः करणे ।

3.2.184

अर्तिलूधूसूखनसहचर इत्रः ।

3.2.185

पुवः संज्ञायाम् ।

# तृतीय अध्याय - तृतीय पाद

3.3.1

उणादयो बहुलम् ।

3.3.10

तुमुन्ण्वुलौ क्रियायां क्रियार्थायाम् ।

3.3.13

लृट् शेषे च ।

3.3.14

लृटः सद् वा ।

3.3.15

अनद्यतने लुट् ।

3.3.18

भावे ।

3.3.19

अकर्तरि च कारके संज्ञायाम् ।

3.3.41

निवासचितिशरीरोपसमाधानेष्वादेश्च कः ।

3.3.56

एरच् ।

3.3.57

ऋदोरप् ।

3.3.88

ड्वितः क्त्रिः ।

3.3.89

ट्वितोऽथुच् ।

3.3.90

यजयाचयतविच्छप्रच्छरक्षो नङ् ।

3.3.91

स्वपो नन् ।

3.3.92

उपसर्गे घोः किः ।

3.3.94

स्त्रियां क्तिन् ।

3.3.97

ऊतियूतिजूतिसातिहेतिकीर्तयश्च ।

3.3.101

इच्छा ।

3.3.102

अ प्रत्ययात् ।

3.3.103

गुरोश्च हलः ।

3.3.107

ण्यासश्रन्थो युच् ।

3.3.113

कृत्यल्युटो बहुलम् ।

3.3.114

नपुंसके भावे क्तः ।

3.3.115

ल्युट् च ।

3.3.118

पुंसि संज्ञायां घः प्रायेण ।

3.3.120

अवे तृस्त्रोर्घञ् ।

3.3.121

हलश्च ।

3.3.126

ईषद्दुःसुषु कृच्छ्राकृच्छ्रार्थेषु खल् ।

3.3.128

आतो युच् ।

3.3.131

वर्तमानसामीप्ये वर्तमानवद्वा ।

3.3.139

लिङ्निमित्ते लृङ् क्रियाऽतिपत्तौ ।

3.3.156

हेतुहेतुमतोर्लिङ् ।

3.3.161

विधिनिमन्त्रणामन्त्रणाधीष्टसंप्रश्नप्रार्थनेषु लिङ् ।

3.3.162

लोट् च ।

3.3.167

कालसमयवेलासु तुमुन् ।

3.3.173

आशिषि लिङ्लोटौ ।

3.3.175

माङि लुङ् ।

3.3.176

स्मोत्तरे लङ् च ।

๛

# तृतीय अध्याय - चतुर्थ पाद

3.4.18

अलङ्खल्वोः प्रतिषेधयोः प्राचां क्त्वा ।

3.4.21

समानकर्तृकयोः पूर्वकाले ।

3.4.22

आभीक्ष्ण्ये णमुल् च ।

3.4.27

अन्यथैवंकथमित्थंसु सिद्धाप्रयोगश्चेत् ।

3.4.67

कर्तरि कृत् ।

3.4.69

लः कर्मणि च भावे चाकर्मकेभ्यः. ।

3.4.70

तयोरेव कृत्यक्तखलर्थाः ।

3.4.78

तिप्तस्झिसिप्थस्थमिब्वस्मस् तातांझथासाथांध्वमिड्वहिमहिङ् ।

3.4.79

टित आत्मनेपदानां टेरे ।

3.4.80

थासस्से ।

3.4.81

लिटस्तझयोरेशिरेच् ।

3.4.82

परस्मैपदानां णलतुसुस्थलथुसणल्वमाः ।

3.4.83

विदो लटो वा ।

3.4.84

ब्रुवः पञ्चानामादित आहो ब्रुवः ।

3.4.85

लोटो लङ्वत् ।

3.4.86

एरुः ।

3.4.87

सेह्यैपिच्च ।

3.4.89

मेर्निः ।

3.4.90

आमेतः ।

3.4.91

सवाभ्यां वामौ ।

3.4.92

आडुत्तमस्य पिच्च ।

3.4.93

एत ऐ ।

3.4.99

नित्यं ङितः ।

3.4.100

इतश्च ।

3.4.101

तस्थस्थमिपां तांतंतामः ।

3.4.102

लिङस्सीयुट् ।

3.4.103

यासुट् परस्मैपदेषूदात्तो ङिच्च ।

3.4.104

किदाशिषि ।

3.4.105

झस्य रन् ।

3.4.106

इटोऽत् ।

3.4.107

सुट् तिथोः ।

3.4.108

झेर्जुस् ।

3.4.109

सिजभ्यस्तविदिभ्यः च ।

3.4.110

आतः ।

3.4.111

लङः शाकटायनस्यैव ।

3.4.113

तिङ्शित्सार्वधातुकम् ।

3.4.114

आद्धर्धधातुकं शेषः ।

3.4.115

लिट् च ।

3.4.116

लिङाशिषि ।

# 4

# चतुर्थ अध्याय

# चतुर्थ अध्याय - प्रथम पाद

4.1.1

इ्याप्प्रातिपदिकात् ।

4.1.2

स्वौजसमौट्छष्टाभ्याम्भिस्ङेभ्याम्भ्यस्ङसिभ्याम्भ्यस्ङसोसाम्ङ्योस्सुप् ।

4.1.3

स्त्रियाम् ।

4.1.4

अजाद्यतष्टाप् ।

4.1.5

ऋन्नेभ्यो ङीप् ।

4.1.6

उगितश्च ।

4.1.10

न षट्स्वस्रादिभ्यः ।

4.1.15

टिड्ढाणञ्द्वयसज्दघ्नञ्मात्रच्तयप्ठक्ठञ्कञ्क्वरपः ।

4.1.16

यञश्च ।

4.1.17

प्राचां ष्फ तद्धितः ।

4.1.20

वयसि प्रथमे ।

4.1.21

द्विगोः ।

4.1.39

वर्णादनुदात्तात्तोपधात्तो नः ।

4.1.41

षिद्गौरादिभ्यश्च ।

4.1.44

वोतो गुणवचनात् ।

4.1.45

बह्वादिभ्यश्च ।

4.1.48

पुंयोगादाख्यायाम् ।

4.1.49

इन्द्रवरुणभवशर्वरुद्रमृडहिमारण्ययवयवनमातुलाचार्याणामानुक् ।

4.1.50

क्रीतात् करणपूर्वात् ।

4.1.54

स्वाङ्गाच्चोपसर्जनादसंयोगोपधात् ।

4.1.56

न क्रोडादिबह्वचः ।

4.1.58

नखमुखात् संज्ञायाम् ।

4.1.63

जातेरस्त्रीविषयादयोपधात् ।

4.1.65

इतो मनुष्यजातेः ।

4.1.66

ऊङुतः ।

4.1.68

पङ्गोश्च ।

4.1.69

ऊरूत्तरपदादौपम्ये ।

4.1.70

संहितशफलक्षणवामादेश्च ।

4.1.73

शार्ङ्गरवाद्यञो ङीन् ।

4.1.76

तद्धिताः ।

4.1.77

यूनस्तिः ।

4.1.82

समर्थानां प्रथमाद्वा ।

4.1.84

अश्वपत्यादिभ्यश्च ।

4.1.85

दित्यदित्यादित्यपत्युत्तरपदाण्ण्यः ।

4.1.86

उत्सादिभ्योऽञ् ।

4.1.87

स्त्रीपुंसाभ्यां नञ्स्नञौ भवनात् ।

4.1.92

तस्यापत्यम् ।

4.1.93

एको गोत्रे ।

4.1.94

गोत्राद्यून्यस्त्रियाम् ।

4.1.95

अत इञ् ।

4.1.96

बाह्वादिभ्यश्च ।

4.1.101

यञिञोश्च ।

4.1.104

अनृष्यानन्तर्ये बिदादिभ्योऽञ् ।

4.1.105

गर्गादिभ्यो यञ् ।

4.1.112

शिवादिभ्योऽण् ।

4.1.114

ऋष्यन्धकवृष्णिकुरुभ्यश्च ।

4.1.115

मातुरुत् संख्यासम्भद्रपूर्वायाः ।

4.1.116

कन्यायाः कनीन च ।

4.1.120

स्त्रीभ्यो ढक् ।

4.1.137

राजश्वशुराद्यत् ।

4.1.138

क्षत्राद्घः ।

4.1.146

रेवत्यादिभ्यष्ठक् ।

4.1.162

अपत्यं पौत्रप्रभृति गोत्रम् ।

4.1.163

जीवति तु वंश्ये युवा ।

4.1.168

जनपदशब्दात् क्षत्रियादञ् ।

4.1.172

कुरुणादिभ्यो ण्यः ।

4.1.174

ते तद्राजाः ।

4.1.175

कम्बोजाल्लुक् ।

॰꙰

# चतुर्थ अध्याय - द्विवतीय पाद

4.2.1

तेन रक्तं रागात् ।

4.2.3

नक्षत्रेण युक्तः कालः ।

4.2.4

लुबविशेषे ।

4.2.7

दृष्ट्अं साम ।

4.2.9

वामदेवाइइयइइयौ ।

4.2.10

परिवृतो रथः ।

4.2.14

तत्रोद्धृतममत्रेभ्यः ।

4.2.16

संस्कृतं भक्षाः ।

4.2.24

सास्य देवता ।

4.2.26

शुक्राद्घन् ।

4.2.30

सोमाट्ट्यण् ।

4.2.31

वाय्वृतुपित्रुषसो यत् ।

4.2.36

पितृव्यमातुलमातामहपितामहाः ।

4.2.37

तस्य समूहः ।

4.2.38

भिक्षाऽऽदिभ्योऽण् ।

4.2.43

ग्रामजनबन्धुसहायेभ्यः तल् ।

4.2.47

अचित्तहस्तिधेनोष्ठक् ।

4.2.59

तदधीते तद्वेद ।

4.2.61

क्रमादिभ्यो वुन् ।

4.2.67

तदस्मिन्नस्तीति देशे तन्नाम्नि ।

4.2.68

तेन निर्वृत्तम् ।

4.2.69

तस्य निवासः ।

4.2.70

अदूरभवश्च ।

4.2.81

जनपदे लुप् ।

4.2.82

वरणादिभ्यश्च ।

4.2.87

कुमुदनडवेतसेभ्यो ड्मतुप् ।

4.2.88

नडशादाड्डवलच् ।

4.2.89

शिखाया वलच् ।

4.2.92

शेषे ।

4.2.93

राष्ट्रावारपाराद्घखौ ।

4.2.94

ग्रामाद्यखञौ ।

4.2.97

नद्यादिभ्यो ढक् ।

4.2.98

दक्षिणापश्चात्पुरसस्त्यक् ।

4.2.101

द्युप्रागपागुदक्प्रतीचो यत् ।

4.2.104

अव्ययात्त्यप् ।

4.2.107

दिक्पूर्वपदादसंज्ञायां ञः ।

4.2.114

वृद्धाच्छः ।

4.2.138

गहादिभ्यश्च ।

# चतुर्थ अध्याय - तृतीय पाद

4.3.1

युष्मदस्मदोरन्यतरस्यां खञ् च ।

4.3.2

तस्मिन् नणि च युष्माकास्माकौ ।

4.3.3

तवकममकावेकवचने ।

4.3.8

मध्यान्मः ।

4.3.11

कालाट्ठञ् ।

4.3.17

प्रावृष एण्यः ।

4.3.23

सायंचिरम्प्राह्णेप्रगेऽव्ययेभ्यष्ट्युट्युलौ तुट् च ।

4.3.25

तत्र जातः ।

4.3.26

प्रावृषष्ठप् ।

4.3.39

प्रायभवः ।

4.3.41

संभूते ।

4.3.42

कोशाड्ढञ् ।

4.3.53

तत्र भवः ।

4.3.54

दिगादिभ्यो यत् ।

4.3.55

शरीरावयवाच्च ।

4.3.62

जिह्वामूलाङ्गुलेश्छः ।

4.3.63

वर्गान्ताच्च ।

4.3.74

तत आगतः ।

4.3.75

ठगायस्थानेभ्यः ।

4.3.77

विद्यायोनिसंबन्धेभ्यो वुञ् ।

4.3.81

हेतुमनुष्येभ्योऽन्यतरस्यां रूप्यः ।

4.3.82

मयट् च ।

4.3.83

प्रभवति ।

4.3.85

तद्गच्छति पथिदूतयोः ।

4.3.86

अभिनिष्क्रामति द्वारम् ।

4.3.87

अधिकृत्य कृते ग्रन्थे ।

4.3.89

सोऽस्य निवासः ।

4.3.101

तेन प्रोक्तम् ।

4.3.120

तस्येदम् ।

4.3.134

तस्य विकारः ।

4.3.135

अवयवे च प्राण्योषधिवृक्षेभ्यः ।

4.3.143

मयड्वैतयोर्भाषायामभक्ष्याच्छादनयोः ।

4.3.144

नित्यं वृद्धशरादिभ्यः ।

4.3.145

गोश्च पुरीषे ।

4.3.160

गोपयसोर्यत् ।

☙

# चतुर्थ अध्याय - चतुर्थ पाद

4.4.1

प्राग्वहतेष्ठक् ।

4.4.2

तेन दीव्यति खनति जयति जितम् ।

4.4.3

संस्कृतम् ।

4.4.5

तरति ।

4.4.8

चरति ।

4.4.20

क्त्रेर्मम् नित्यं ।

4.4.22

संसृष्टे ।

4.4.32

उञ्छति ।

4.4.33

रक्षति ।

4.4.34

शब्ददर्दुरं करोति ।

4.4.55

शिल्पम् ।

4.4.57

प्रहरणम् ।

4.4.61

शीलम् ।

4.4.73

निकटे वसति ।

4.4.75

प्राग्घिताद्यत् ।

4.4.76

तद्वहति रथयुगप्रासङ्गम् ।

4.4.77

धुरो यड्ढकौ ।

4.4.91

नौवयोधर्मविषमूलमूलसीतातुलाभ्यस्तार्यतुल्य

प्राप्यवध्यानाम्यसमसमितसम्मितेषु ।

4.4.98

तत्र साधुः ।

4.4.105

सभाया यः ।

෮

# 5

# पञ्चम अध्याय

# पञ्चम अध्याय - प्रथम पाद

5.1.1

प्राक् क्रीताच्छः ।

5.1.2

उगवादिभ्योऽत् ।

5.1.5

तस्मै हितम् ।

5.1.6

शरीरावयवाद्यत् ।

5.1.9

आत्मन्विश्वजनभोगोत्तरपदात् खः ।

5.1.18

प्राग्वतेष्ठञ् ।

5.1.37

तेन क्रीतम् ।

5.1.42

तस्येश्वरः ।

5.1.59

पङ्क्तिविंशतित्रिंशत्चत्वारिंशत्पञ्चाशत्षष्टिसप्तत्यशीतिनवतिशतम् ।

5.1.63

तद् अर्हति ।

5.1.66

दण्डादिभ्यः ।

5.1.79

तेन निर्वृत्तम् ।

5.1.115

तेन तुल्यं क्रिया चेद्वतिः ।

5.1.116

तत्र तस्येव ।

5.1.119

तस्य भावस्त्वतलौ ।

5.1.120

आ च त्वात् ।

5.1.122

पृथ्वादिभ्य इमनिज्वा ।

5.1.123

वर्णदृढादिभ्यः ष्यञ् च ।

5.1.124

गुणवचनब्राह्मणादिभ्यः कर्मणि च ।

5.1.126

सख्युर्यः ।

5.1.127

कपिज्ञात्योर्ढक् ।

5.1.128

पत्यन्तपुरोहितादिभ्यो यक् ।

# पञ्चम अध्याय - द्वितीय पाद

5.2.1

धान्यानां भवने क्षेत्रे खञ् ।

5.2.2

व्रीहिशाल्योर्ढक् ।

5.2.23

हैयंगवीनं संज्ञायाम् ।

5.2.36

तदस्य संजातं तारकाऽऽदिभ्य इतच् ।

5.2.37

प्रमाणे द्वयसज्दघ्नञ्मात्रचः ।

5.2.39

यद्तदेतेभ्यः परिमाणे वतुप् ।

5.2.40

किमिदंभ्यां वो घः ।

5.2.42

संख्याया अवयवे तयप् ।

5.2.43

द्वित्रिभ्यां तयस्यायज्वा ।

5.2.44

उभादुदात्तो नित्यम् ।

5.2.48

तस्य पूरणे डट् ।

5.2.49

नान्तादसंख्याऽऽदेर्मट् ।

5.2.51

षट्कतिकतिपयचतुरां थुक् ।

5.2.54

द्वेस्तीयः ।

5.2.55

त्रेः सम्प्रसारणम् च ।

5.2.84

श्रोत्रियंश्छन्दोऽधीते ।

5.2.86

पूर्वादिनिः ।

5.2.87

सपूर्वाच्च ।

5.2.88

इष्टादिभ्यश्च ।

5.2.96

प्राणिस्थादातो लजन्यतरस्याम् ।

5.2.100

लोमादिपामादिपिच्छादिभ्यः शनेलचः ।

5.2.106

दन्त उन्नत उरच् ।

5.2.109

केशाद्वोऽन्यतरस्याम् ।

5.2.115

अत इनिठनौ ।

5.2.116

व्रीह्यादिभ्यश्च ।

5.2.121

अस्मायामेधास्रजो विनिः ।

5.2.124

वाचो ग्मिनिः ।

5.2.127

अर्शआदिभ्योऽच् ।

5.2.140

अहंशुभमोर्युस् ।

# पञ्चम अध्याय - तृतीय पाद

5.3.1

प्राग्दिशो विभक्तिः ।

5.3.2

किंसर्वनामबहुभ्योऽद्व्यादिभ्यः ।

5.3.3

इदम इश् ।

5.3.4

एतेतौ रथोः ।

5.3.5

एतदोऽश् ।

5.3.6

सर्वस्य सोऽन्यतरस्यां दि ।

5.3.7

पञ्चम्यास्तसिल् ।

5.3.9

पर्यभिभ्यां च ।

5.3.10

सप्तम्यास्त्रल् ।

5.3.11

इदमो हः ।

5.3.12

किमोऽत् ।

5.3.14

इतराभ्योऽपि दृश्यन्ते ।

5.3.15

सर्वैकान्यकिंयत्तदः काले दा ।

5.3.16

इदमो हिल् ।

5.3.21

अनद्यतने हिलन्यतरस्याम् ।

5.3.23

प्रकारवचने थाल् ।

5.3.24

इदमस्थमुः ।

5.3.25

किमश्च ।

5.3.55

अतिशायने तमबिष्ठनौ ।

5.3.56

तिङश्च ।

5.3.57

द्विवचनविभज्योपपदे तरबीयसुनौ ।

5.3.60

प्रशस्यस्य श्रः ।

5.3.61

ज्य च ।

5.3.65

विन्मतोर्लुक् ।

5.3.67

ईषदसमाप्तौ कल्पब्देश्यदेशीयरः ।

5.3.68

विभाषा सुपो बहुच् पुरस्तात्तु ।

5.3.70

प्रागिवात्कः ।

5.3.71

अव्ययसर्वनाम्नामकच् प्राक् टेः ।

5.3.73

अज्ञाते ।

5.3.74

कुत्सिते ।

5.3.92

किंयत्तदो निर्द्धारणे द्वयोरेकस्य डतरच् ।

5.3.93

वा बहूनां जातिपरिप्रश्ने डतमच् ।

5.3.96

इवे प्रतिकृतौ ।

৵৶

# पञ्चम अध्याय - चतुर्थ पाद

5.4.11

किमेत्तिङव्ययघादाम्वद्द्रव्यप्रकर्षे ।

5.4.21

तत्प्रकृतवचने मयट् ।

5.4.38

प्रज्ञादिभ्यश्च ।

5.4.42

बह्वल्पार्थाच्छस् कारकादन्यतरस्याम् ।

5.4.50

अभूततद्भावे कृभ्वस्तियोगे सम्पद्यकर्तरि च्विः ।

5.4.52

विभाषा साति कात्स्न्र्ये ।

5.4.57

अव्यक्तानुकरणाद्द्व्यजवरार्धादनितौ डाच् ।

5.4.69

न पूजनात् ।

5.4.74

ऋक्पूरब्धूःपथामानक्षे ।

5.4.76

अक्ष्णोऽदर्शनात् ।

5.4.85

उपसर्गादध्वनः ।

5.4.86

तत्पुरुषस्याङ्गुलेः संख्याऽव्ययादेः ।

5.4.87

अहस्सर्वैकदेशसंख्यातपुण्याच्च रात्रेः ।

5.4.91

राजाऽहस्सखिभ्यष्टच् ।

5.4.92

गोरतद्धितलुकि ।

5.4.106

द्वंद्वाच्चुदषहान्तात् समाहारे ।

5.4.107

अव्ययीभावे शरत्प्रभृतिभ्यः ।

5.4.108

अनश्च ।

5.4.109

नपुंसकादन्यतरअस्याम् ।

5.4.111

झयः ।

5.4.113

बहुव्रीहौ सक्थ्यक्ष्णोः स्वाङ्गात् षच् ।

5.4.115

द्वित्रिभ्यां ष मूर्ध्नः ।

5.4.116

अप् पूरणीप्रमाण्योः ।

5.4.117

अन्तर्बहिर्भ्यां च लोम्नः ।

5.4.138

पादस्य लोपोऽहस्त्यादिभ्यः ।

5.4.140

संख्यासुपूर्वस्य ।

5.4.148

उद्विभ्यां काकुदस्य ।

5.4.149

पूर्णाद्विभाषा ।

5.4.150

सुहृद्दुर्हृदौ मित्रामित्रयोः ।

5.4.151

उरःप्रभृतिभ्यः कप् ।

5.4.154

शेषाद्विभाषा ।

# 6

षष्ठ अध्याय

# षष्ठ अध्याय - प्रथम पाद

6.1.3

न न्द्राः संयोगादयः ।

6.1.4

पूर्वोऽभ्यासः ।

6.1.5

उभे अभ्यस्तम् ।

6.1.6

जक्षित्यादयः षट् ।

6.1.8

लिटि धातोरनभ्यासस्य ।

6.1.9

सन्यङोः ।

6.1.10

श्लौ ।

6.1.11

चङि ।

6.1.15

वचिस्वपियजादीनां किति ।

6.1.16

ग्रहिज्यावयिव्यधिवष्टिविचतिवृश्चतिपृच्छतिभृज्जतीनां ङिति च ।

6.1.17

लिट्यभ्यासस्योभयेषाम् ।

6.1.37

न सम्प्रसारणे सम्प्रसारणम् ।

6.1.45

आदेच उपदेशेऽशिति ।

6.1.50

मीनातिमिनोतिदीङां ल्यपि च ।

6.1.58

सृजिदृशोर्झल्यमकिति ।

6.1.59

अनुदात्तस्य चर्दुपधस्यान्यतरस्याम् ।

6.1.61

ये च तद्धिते ।

6.1.64

धात्वादेः षः सः ।

6.1.65

णो नः ।

6.1.66

लोपो व्योर्वलि ।

6.1.67

वेरपृक्तस्य ।

6.1.68

हल्ङ्याब्भ्यो दीर्घात् सुतिस्यपृक्तं हल् ।

6.1.69

एङ्ह्रस्वात् सम्बुद्धेः ।

6.1.71

ह्रस्वस्य पिति कृति तुक् ।

6.1.73

छे च ।

6.1.76

पदान्ताद्वा ।

6.1.77

इको यणचि ।

6.1.78

एचोऽयवायावः ।

6.1.79

वान्तो यि प्रत्यये ।

6.1.85

अन्तादिवच्च ।

6.1.87

आद्गुणः ।

6.1.88

वृद्धिरेचि ।

6.1.89

एत्येधत्यूठ्सु ।

6.1.90

आटश्च ।

6.1.93

औतोऽम्शसोः ।

6.1.94

एङि पररूपम् ।

6.1.95

ओमाङोश्च ।

6.1.96

उस्यपदान्तात् ।

6.1.97

अतो गुणे ।

6.1.101

अकः सवर्णे दीर्घः ।

6.1.102

प्रथमयोः पूर्वसवर्णः ।

6.1.103

तस्माच्छसो नः पुंसि ।

6.1.104

नादिचि ।

6.1.105

दीर्घाज्जसि च ।

6.1.107

अमि पूर्वः ।

6.1.108

सम्प्रसारणाच्च ।

6.1.109

एङः पदान्तादति ।

6.1.110

ङसिङसोश्च ।

6.1.111

ऋत उत् ।

6.1.112

ख्यत्यात् परस्य ।

6.1.113

अतो रोरप्लुतादप्लुते ।

6.1.114

हशि च ।

6.1.122

सर्वत्र विभाषा गोः ।

6.1.123

अवङ् स्फोटायनस्य ।

6.1.124

इन्द्रे च (नित्यम्) ।

6.1.125

प्लुतप्रगृह्या अचि नित्यम् ।

6.1.127

इकोऽसवर्णे शाकल्यस्य ह्रस्वश्च ।

6.1.128

ऋत्यकः ।

6.1.131

दिव उत् ।

6.1.134

सोऽचि लोपे चेत् पादपूरणम् ।

6.1.137

सम्पर्युपेभ्यः करोतौ भूषणे ।

6.1.138

समवाये च ।

6.1.139

उपात् प्रतियत्नवैकृतवाक्याध्याहारेषु ।

6.1.140

किरतौ लवने ।

6.1.141

हिंसायां प्रतेश्च ।

षष्ठ अध्याय - द्वितीय पाद

# षष्ठ अध्याय - तृतीय पाद

6.3.2

पञ्चम्याः स्तोकादिभ्यः ।

6.3.14

तत्पुरुषे कृति बहुलम् ।

6.3.34

स्त्रियाः पुंवद्भाषितपुंस्कादनूङ् समानाधिकरणे स्त्रियामपूरणीप्रियाऽऽदिषु ।

6.3.46

आन्महतः समानाधिकरणजातीययोः ।

6.3.47

द्व्यष्टनः संख्यायामबहुव्रीह्यशीत्योः ।

6.3.48

त्रेस्त्रयः ।

6.3.66

खित्यनव्ययस्य ।

6.3.67

अरुर्द्विषदजन्तस्य मुम् ।

6.3.73

नलोपो नञः ।

6.3.74

तस्मान्नुडचि ।

6.3.81

अव्ययीभावे चाकाले ।

6.3.90

इदङ्किमोरीश्की ।

6.3.91

आ सर्वनाम्नः ।

6.3.93

समः समि ।

6.3.94

तिरसस्तिर्यलोपे ।

6.3.95

सहस्य सध्रिः ।

6.3.111

ढ्रलोपे पूर्वस्य दीर्घोऽणः ।

6.3.112

सहिवहोरोदवर्णस्य ।

6.3.116

नहिवृतिवृषिव्यधिरुचिसहितनिषु क्वौ ।

6.3.128

विश्वस्य वसुराटोः ।

6.3.138

चौ ।

# षष्ठ अध्याय - चतुर्थ पाद

6.4.2

हलः ।

6.4.3

नामि ।

6.4.4

न तिसृचतसृ ।

6.4.6

नृ च ।

6.4.7

नोपधायाः ।

6.4.8

सर्वनामस्थाने चासम्बुद्धौ ।

6.4.10

सान्तमहतः संयोगस्य ।

6.4.11

अप्तृन्तृच्स्वसृनप्तृनेष्टृत्वष्टृक्षत्तृहोतृपोतृप्रशास्तृणाम् ।

6.4.12

इन्हन्पूषार्यम्णां शौ ।

6.4.13

सौ च ।

6.4.14

अत्वसन्तस्य चाधातोः ।

6.4.15

अनुनासिकस्य क्विझलोः क्ङिति ।

6.4.16

अज्झनगमां सनि ।

6.4.19

च्छ्वोः शूडनुनासिके च ।

6.4.20

ज्वरत्वरश्रिव्यविमवामुपधायाश्च ।

6.4.21

राल्लोपः ।

6.4.22

असिद्धवदत्राभात् ।

6.4.23

श्नान्नलोपः ।

6.4.24

अनिदितां हल उपधायाः क्ङिति ।

6.4.27

घञि च भावकरणयोः ।

6.4.30

नाञ्चेः पूजायाम् ।

6.4.33

भञ्जेश्च चिणि ।

6.4.34

शास इदङ्हलोः ।

6.4.36

हन्तेर्जः ।

6.4.37

अनुदात्तोपदेशवनतितनोत्यादीनामनुनासिकलोपो झलि क्ङिति ।

6.4.41

विड्वनोरनुनासिकस्यात् ।

6.4.42

जनसनखनां सञ्झलोः ।

6.4.43

ये विभाषा ।

6.4.44

तनोतेर्यकि ।

6.4.47

भ्रस्जो रोपधयोः रमन्यतरस्याम् ।

6.4.48

अतो लोपः ।

6.4.49

यस्य हलः ।

6.4.50

क्यस्य विभाषा ।

6.4.51

णेरनिटि ।

6.4.52

निष्ठायां सेटि ।

6.4.55

अयामन्ताल्वाय्येत्न्विष्णुषु ।

6.4.62

स्यसिच्सीयुट्तासिषु भावकर्मणोरुपदेशेऽज्झनग्रहदृशां वा चिण्वदिट् च ।

6.4.63

दीङो युडचि क्ङिति ।

6.4.64

आतो लोप इटि च ।

6.4.65

ईद्यति ।

6.4.66

घुमास्थागापाजहातिसां हलि ।

6.4.67

एर्लिङि ।

6.4.68

वाऽन्यस्य संयोगादेः ।

6.4.71

लुङ्लङ्लृङ्क्ष्वडुदातः ।

6.4.72

आडजादीनाम् ।

6.4.74

न माङ्योगे ।

6.4.77

अचि श्नुधातुभ्रुवां य्वोरियङुवङौ ।

6.4.78

अभ्यासस्यासवर्णे ।

6.4.79

स्त्रियाः ।

6.4.80

वाऽम्शसोः ।

6.4.81

इणो यण् ।

6.4.82

एरनेकाचोऽसंयोगपूर्वस्य ।

6.4.83

ओः सुपि ।

6.4.84

वर्षाभ्वश्च ।

6.4.85

न भूसुधियोः ।

6.4.87

हुश्नुवोः सार्वधातुके ।

6.4.88

भुवो वुग्लुङ्लिटोः ।

6.4.92

मितां ह्रस्वः ।

6.4.96

छादेर्घेऽद्व्युपसर्गस्य ।

6.4.98

गमहनजनखनघसां लोपः क्ङित्यनङि ।

6.4.101

हुझल्भ्यो हेर्धिः ।

6.4.104

चिणो लुक् ।

6.4.105

अतो हेः ।

6.4.106

उतश्च प्रत्ययादसंयोगपूर्वात् ।

6.4.107

लोपश्चास्यान्यतरस्यां म्वोः ।

6.4.108

नित्यं करोतेः ।

6.4.109

ये च ।

6.4.110

अत उत् सार्वधातुके ।

6.4.111

श्नसोरल्लोपः ।

6.4.112

श्नाऽभ्यस्तयोरातः ।

6.4.113

ई हल्यघोः ।

6.4.115

भियोऽन्यतरस्याम् ।

6.4.116

जहातेश्च ।

6.4.117

आ च हौ ।

6.4.118

लोपो यि ।

6.4.119

ध्वसोरेद्धावभ्यासलोपश्च ।

6.4.120

अत एकहल्मध्येऽनादेशादेर्लिटि ।

6.4.121

थलि च सेटि ।

6.4.122

तृफलभजत्रपश्च ।

6.4.124

वा जृभ्रमुत्रसाम् ।

6.4.126

न शसददवादिगुणानाम् ।

6.4.127

अर्वणस्त्रसावनञः ।

6.4.128

मघवा बहुलम् ।

6.4.130

पादः पत् ।

6.4.131

वसोः सम्प्रसारणम् ।

6.4.132

वाह ऊठ् ।

6.4.133

श्वयुवमघोनामतद्धिते ।

6.4.134

अल्लोपोऽनः ।

6.4.136

विभाषा ङिश्योः ।

6.4.137

न संयोगाद्वमन्तात् ।

6.4.138

अचः ।

6.4.139

उद ईत् ।

6.4.140

आतो धातोः ।

6.4.142

ति विंशतेर्डिति ।

6.4.143

टेः ।

6.4.144

नस्तद्धिते ।

6.4.146

ओर्गुणः ।

6.4.148

यस्येति च ।

6.4.150

हलस्तद्धितस्य ।

6.4.155

टेः ।

6.4.158

बहोर्लोपो भू च बहोः ।

6.4.159

इष्ठस्य यिट् च ।

6.4.160

ज्यादादीयसः ।

6.4.161

र ऋतो हलादेर्लघोः ।

6.4.163

प्रकृत्यैकाच् ।

6.4.164

इनण्यनपत्ये ।

6.4.167

अन् ।

6.4.168

ये चाभावकर्मणोः ।

6.4.169

आत्माध्वानौ खे ।

෴

# 7

सप्तम अध्याय

# सप्तम अध्याय - प्रथम पाद

7.1.1

युवोरनाकौ ।

7.1.2

आयनेयीनीयियः फढखच्छघां प्रत्ययादीनाम् ।

7.1.3

झोऽन्तः ।

7.1.4

अदभ्यस्तात् ।

7.1.5

आत्मनेपदेष्वनतः ।

7.1.6

शीङो रुट् ।

7.1.9

अतो भिस ऐस् ।

7.1.11

नेदमदसोरकोः ।

7.1.12

टाङसिङसामिनात्स्याः ।

7.1.13

ङेर्यः ।

7.1.14

सर्वनाम्नः स्मै ।

7.1.15

ङसिङ्योः स्मात्स्मिनौ ।

7.1.16

पूर्वादिभ्यो नवभ्यो वा ।

7.1.17

जसः शी ।

7.1.18

औङ आपः ।

7.1.19

नपुंसकाच्च ।

7.1.20

जश्शसोः शिः ।

7.1.21

अष्टाभ्य औश् ।

7.1.22

षड्भ्यो लुक् ।

7.1.23

स्वमोर्नपुंसकात् ।

7.1.24

अतोऽम् ।

7.1.25

अद्ड् डतरादिभ्यः पञ्चभ्यः ।

7.1.27

युष्मदस्मद्भ्यां ङसोऽश् ।

7.1.28

ङे प्रथमयोरम् ।

7.1.29

शसो न ।

7.1.30

भ्यसो भ्यम् ।

7.1.31

पञ्चम्या अत् ।

7.1.32

एकवचनस्य च ।

7.1.33

साम आकम् ।

7.1.34

आत औ णलः ।

7.1.35

तुह्योस्तातङाशिष्यन्यतरस्याम् ।

7.1.36

विदेः शतुर्वसुः ।

7.1.37

समासेऽनञ्पूर्वे क्त्वो ल्यप् ।

7.1.52

आमि सर्वनाम्नः सुट् ।

7.1.53

त्रेस्त्रयः ।

7.1.54

ह्रस्वनद्यापो नुट् ।

7.1.55

षट्चतुर्भ्यश्च ।

7.1.58

इदितो नुम् धातोः ।

7.1.59

शे मुचादीनाम् ।

7.1.60

मस्जिनशोर्झलि ।

7.1.69

विभाषा चिण्णमुलोः ।

7.1.70

उगिदचां सर्वनामस्थानेऽधातोः ।

7.1.71

युजेरसमासे ।

7.1.72

नपुंसकस्य झलचः ।

7.1.73

इको‍ऽचि विभक्तौ ।

7.1.74

तृतीयाऽऽदिषु भाषितपुंस्कं पुंवद्गालवस्य ।

7.1.75

अस्थिदधिसक्थ्यक्ष्णामनङुदात्तः ।

7.1.78

नाभ्यस्ताच्छतुः ।

7.1.79

वा नपुंसकस्य ।

7.1.80

आच्छीनद्योर्नुम् ।

7.1.81

शप्श्यनोर्नित्यम् ।

7.1.82

सावनडुहः ।

7.1.84

दिव औत् ।

7.1.85

पथिमथ्यृभुक्षामात् ।

7.1.86

इतोऽत् सर्वनामस्थाने ।

7.1.87

थो न्थः ।

7.1.88

भस्य टेर्लोपः ।

7.1.89

पुंसोऽसुङ् ।

7.1.90

गोतो णित् ।

7.1.91

णलुत्तमो वा ।

7.1.92

सख्युरसम्बुद्धौ ।

7.1.93

अनङ् सौ ।

7.1.94

ऋदुशनस्पुरुदंसोऽनेहसां च ।

7.1.95

तृज्वत् क्रोष्टुः ।

7.1.96

स्त्रियां च ।

7.1.97

विभाषा तृतीयाऽऽदिष्वचि ।

7.1.98

चतुरनडुहोरामुदात्तः ।

7.1.99

अम् सम्बुद्धौ ।

7.1.100

ऋत इद्धातोः ।

7.1.102

उदोष्ठ्यपूर्वस्य ।

# सप्तम अध्याय - द्विवतीय पाद

7.2.1

सिचि वृद्धिः परस्मैपदेषु ।

7.2.3

वदव्रजहलन्तस्याचः ।

7.2.4

नेटि ।

7.2.5

हम्यन्तक्षणश्वसजागृणिश्व्येदिताम् ।

7.2.6

ऊर्णोतेर्विभाषा ।

7.2.7

अतो हलादेर्लघोः ।

7.2.8

नेड् वशि कृति ।

7.2.9

तितुत्रतथसिसुसरकसेषु च ।

7.2.10

एकाच उपदेशेऽनुदात्तात् ।

7.2.11

श्र्युकः किति ।

7.2.12

सनि ग्रहगुहोश्च ।

7.2.13

कृसृभृवृस्तुद्रुसुश्रुवो लिटि ।

7.2.20

दृढः स्थूलबलयोः ।

7.2.35

आर्धधातुकस्येड् वलादेः ।

7.2.37

ग्रहोऽलिटि दीर्घः ।

7.2.38

वृतो वा ।

7.2.39

न लिङि ।

7.2.40

सिचि च परस्मैपदेषु ।

7.2.42

लिङ्सिचोरात्मनेपदेषु ।

7.2.43

ऋतश्च संयोगादेः ।

7.2.44

स्वरतिसूतिसूयतिधूञूदितो वा ।

7.2.45

रधादिभ्यश्च ।

7.2.48

तीषसहलुभरुषरिषः ।

7.2.56

उदितो वा ।

7.2.57

सेऽसिचि कृतचृतच्छृदतृदनृतः ।

7.2.58

गमेरिट् परस्मैपदेषु ।

7.2.59

न वृद्भ्यश्चतुर्भ्यः ।

7.2.61

अचस्तास्वत् थल्यनिटो नित्यम् ।

7.2.62

उपदेशेऽत्वतः ।

7.2.63

ऋतो भारद्वाजस्य ।

7.2.66

इडत्त्यर्तिव्ययतीनाम् ।

7.2.70

ऋद्धनोः स्ये ।

7.2.71

अञ्जेः सिचि ।

7.2.72

स्तुसुधूञ्भ्यः परस्मैपदेषु ।

7.2.73

यमरमनमातां सक् च ।

7.2.79

लिङः सलोपोऽनन्त्यस्य ।

7.2.80

अतो येयः ।

7.2.81

आतो ङितः ।

7.2.82

आने मुक् ।

7.2.84

अष्टन आ विभक्तौ ।

7.2.85

रायो हलि ।

7.2.86

युष्मदस्मदोरनादेशे ।

7.2.87

द्वितीयायां च ।

7.2.88

प्रथमायाश्च द्विवचने भाषायाम् ।

7.2.89

योऽचि ।

7.2.90

शेषे लोपः ।

7.2.92

युवावौ द्विवचने ।

7.2.93

यूयवयौ जसि ।

7.2.94

त्वाहौ सौ ।

7.2.95

तुभ्यमह्यौ ङयि ।

7.2.96

तवममौ ङसि ।

7.2.97

त्वमावेकवचने ।

7.2.98

प्रतयोत्तरपदयोश्च ।

7.2.99

त्रिचतुरोः स्त्रियां तिसृचतसृ ।

7.2.100

अचि र ऋतः ।

7.2.101

जराया जरसन्यतरस्याम् ।

7.2.102

त्यदादीनामः ।

7.2.103

किमः कः ।

7.2.104

कु तिहोः ।

7.2.105

क्वाति ।

7.2.106

तदोः सः सावनन्त्ययोः ।

7.2.107

अदस औ सुलोपश्च ।

7.2.108

इदमो मः ।

7.2.109

दश्च ।

7.2.110

यः सौ ।

7.2.111

इदोऽय् पुंसि ।

7.2.112

अनाप्यकः ।

7.2.113

हलि लोपः ।

7.2.114

मृजेर्वृद्धिः ।

7.2.115

अचो ञ्णिति ।

7.2.116

अत उपधायाः ।

7.2.117

तद्धितेष्वचामादेः ।

7.2.118

किति च ।

❧

# सप्तम अध्याय - तृतीय पाद

7.3.3

न य्वाभ्यां पदान्ताभ्याम् पूर्वौ तु ताभ्यामैच् ।

7.3.20

अनुशतिकादीनां च ।

7.3.33

आतो युक् चिण्कृतोः ।

7.3.35

जनिवध्योश्च ।

7.3.36

अर्तिह्रीब्लीरीक्नूयीक्ष्माय्यातां पुङ्णौ ।

7.3.44

प्रत्ययस्थात् कात् पूर्वस्यात इदाप्यसुपः ।

7.3.50

ठस्येकः ।

7.3.51

इसुसुक्तान्तात् कः ।

7.3.52

चजोः कु घिन्ण्यतोः ।

7.3.54

हो हन्तेर्ण्णिन्नेषु ।

7.3.55

अभ्यासाच्च ।

7.3.58

विभाषा चेः ।

7.3.69

भोज्यं भक्ष्ये ।

7.3.71

ओतः श्यनि ।

7.3.72

क्सस्याचि ।

7.3.73

लुग्वा दुहदिहलिहगुहामात्मनेपदे दन्त्ये ।

7.3.76

क्रमः परस्मैपदेषु ।

7.3.77

इषुगमियमां छः ।

7.3.78

पाघ्राध्मास्थाम्नादाण्दृश्यर्तिसर्तिशदसदां
पिबजिघ्रधमतिष्ठमनयच्छपश्यच्छधौशीयसीदाः ।

7.3.79

ज्ञाजनोर्जा ।

7.3.80

प्वादीनां ह्रस्वः ।

7.3.83

जुसि च ।

7.3.84

सार्वधातुकार्धधातुकयोः ।

7.3.86

पुगन्तलघूपधस्य च ।

7.3.87

नाभ्यस्तस्याचि पिति सार्वधातुके ।

7.3.88

भूसुवोस्तिङि ।

7.3.89

उतो वृद्धिर्लुकि हलि ।

7.3.90

ऊर्णोतेर्विभाषा ।

7.3.91

गुणोऽपृक्ते ।

7.3.92

तृणह इम् ।

7.3.93

ब्रुव ईट् ।

7.3.94

यङो वा ।

7.3.96

अस्तिसिचोऽपृक्ते ।

7.3.100

अदः सर्वेषाम् ।

7.3.101

अतो दीर्घो यञि ।

7.3.102

सुपि च ।

7.3.103

बहुवचने झल्येत् ।

7.3.104

ओसि च ।

7.3.105

आङि चापः ।

7.3.106

सम्बुद्धौ च ।

7.3.107

अम्बाऽर्थनद्योर्ह्रस्वः ।

7.3.108

ह्रस्वस्य गुणः ।

7.3.109

जसि च ।

7.3.110

ऋतो ङिसर्वनामस्थानयोः ।

7.3.111

घेर्ङिति ।

7.3.112

आण्नद्याः ।

7.3.113

याडापः ।

7.3.114

सर्वनाम्नः स्याइढ्रस्वश्च ।

7.3.116

डेराम्नद्याम्नीभ्यः ।

7.3.117

इदुद्भ्याम् ।

7.3.118

औत् ।

7.3.119

अच्च घेः ।

7.3.120

आडो नाऽस्त्रियाम् ।

༄

# सप्तम अध्याय - चतुर्थ पाद

7.4.1

णौ चङ्युपधाया ह्रस्वः ।

7.4.5

तिष्ठतेरित् ।

7.4.10

ऋतश्च संयोगादेर्गुणः ।

7.4.11

ऋच्छत्यृताम् ।

7.4.12

शृदृप्रां ह्रस्वो वा ।

7.4.20

वच उम् ।

7.4.21

शीङः सार्वधातुके गुणः ।

7.4.24

एतेर्लिङि ।

7.4.25

अकृत्सार्वधातुकयोर्दीर्घः ।

7.4.26

च्वौ च ।

7.4.27

रीङ् ऋतः ।

7.4.28

रिङ् शयग्लिङ्क्षु ।

7.4.29

गुणोऽर्तिसंयोगाद्योः ।

7.4.32

अस्य च्वौ ।

7.4.33

क्यचि च ।

7.4.42

दधातेर्हिः ।

7.4.43

जहातेश्च क्त्वि ।

7.4.46

दो दद् घोः ।

7.4.48

अपो भि ।

7.4.49

सः स्याद्र्धधातुके ।

7.4.50

तासस्त्योर्लोपः ।

7.4.51

रि च ।

7.4.52

ह एति ।

7.4.59

ह्रस्वः ।

7.4.60

हलादिः शेषः ।

7.4.61

शर्पूर्वाः खयः ।

7.4.62

कुहोश्चुः ।

7.4.66

उरत् ।

7.4.67

द्युतिस्वाप्योः सम्प्रसारणम् ।

7.4.69

दीर्घ इणः किति ।

7.4.70

अत आदेः ।

7.4.71

तस्मान्नुड् द्विहलः ।

7.4.73

भवतेरः ।

7.4.75

निजां त्रयाणां गुणः श्लौ ।

7.4.76

भृञामित् ।

7.4.77

अर्तिपिपर्त्योश्च ।

7.4.79

सन्यतः ।

7.4.80

ओः पुयण्ज्यपरे ।

7.4.82

गुणो यङ्लुकोः ।

7.4.83

दीर्घोऽकितः ।

7.4.90

रीगृदुपधस्य च ।

7.4.93

सन्वल्लघुनि चङ्परेऽनग्लोपे ।

7.4.94

दीर्घो लघोः ।

7.4.97

ई च गणः ।

☙

# 8

# अष्टम अध्याय

# अष्टम अध्याय - प्रथम पाद

8.1.2

तस्य परमाम्रेडितम् ।

8.1.4

नित्यवीप्सयोः ।

8.1.20

युष्मदस्मदोः षष्ठीचतुर्थीद्विवतीयास्थयोर्वान्नावौ ।

8.1.21

बहुवचने वस्नसौ ।

8.1.22

तेमयावेकवचनस्य ।

8.1.23

त्वामौ द्विवतीयायाः ।

౧౨

# अष्टम अध्याय - द्वितीय पाद

8.2.1

पूर्वत्रासिद्धम् ।

8.2.2

नलोपः सुप्स्वरसंज्ञातुग्विधिषु कृति ।

8.2.3

न मु ने ।

8.2.7

नलोपः प्रातिपदिकान्तस्य ।

8.2.8

न ङिसम्बुद्ध्योः ।

8.2.9

मादुपधायाश्च मतोर्वोऽयवादिभ्यः ।

8.2.10

झयः ।

8.2.19

उपसर्गस्यायतौ ।

8.2.21

अचि विभाषा ।

8.2.23

संयोगान्तस्य लोपः ।

8.2.24

रात् सस्य ।

8.2.25

धि च ।

8.2.26

झलो झलि ।

8.2.27

ह्रस्वादङ्गात् ।

8.2.28

इट ईटि ।

8.2.29

स्कोः संयोगाद्योरन्ते च ।

8.2.30

चोः कुः ।

8.2.31

हो ढः ।

8.2.32

दादेर्धातोर्घः ।

8.2.33

वा द्रुहमुहष्णुहष्णिहाम् ।

8.2.34

नहो धः ।

8.2.35

आहस्थः ।

8.2.36

व्रश्चभ्रस्जसृजमृजयजराजभ्राजच्छशां षः ।

8.2.37

एकाचो बशो भष् झषन्तस्य स्ध्वोः ।

8.2.38

दधस्तथोश्च ।

8.2.39

झलां जशोऽन्ते ।

8.2.40

झषस्तथोर्धोऽधः ।

8.2.41

षढोः कः सि ।

8.2.42

रदाभ्यां निष्ठातो नः पूर्वस्य च दः ।

8.2.43

संयोगादेरातो धातोर्यण्वतः ।

8.2.44

ल्वादिभ्यः ।

8.2.45

ओदितश्च ।

8.2.51

शुषः कः ।

8.2.52

पचो वः ।

8.2.53

क्षायो मः ।

8.2.62

क्विन्प्रत्ययस्य कुः ।

8.2.63

नशेर्वा ।

8.2.64

मो नो धातोः ।

8.2.65

म्वोश्च ।

8.2.66

ससजुषो रुः ।

8.2.68

अहन् ।

8.2.69

रोऽसुपि ।

8.2.72

वसुस्रंसुध्वंस्वनडुहां दः ।

8.2.73

तिप्यनस्तेः ।

8.2.74

सिपि धातो रुर्वा ।

8.2.75

दश्च ।

8.2.76

र्वोरुपधाया दीर्घ इकः ।

8.2.77

हलि च ।

8.2.79

न भकुर्छुराम् ।

8.2.80

अदसोऽसेर्दादु दो मः ।

8.2.81

एत ईद्बहुवचने ।

8.2.84

दूराद्धूते च ।

# अष्टम अध्याय - तृतीय पाद

8.3.2

अत्रानुनासिकः पूर्वस्य तु वा ।

8.3.4

अनुनासिकात् परोऽनुस्वारः ।

8.3.5

समः सुटि ।

8.3.6

पुमः खय्यम्परे ।

8.3.7

नश्छव्यप्रशान् ।

8.3.10

नॄन् पे ।

8.3.12

कानाम्रेडिते ।

8.3.13

ढो ढे लोपः ।

8.3.14

रो रि ।

8.3.15

खरवसानयोर्विसर्जनीयः ।

8.3.16

रोः सुपि ।

8.3.17

भोभगोअघोअपूर्वस्य योऽशि ।

8.3.19

लोपः शाकल्यस्य ।

8.3.22

हलि सर्वेषाम् ।

8.3.23

मोऽनुस्वारः ।

8.3.24

नश्चापदान्तस्य झलि ।

8.3.25

मो राजि समः क्वौ ।

8.3.26

हे मपरे वा ।

8.3.27

नपरे नः ।

8.3.28

इण्णोः कुक्टुक् शरि ।

8.3.29

ङः सि धुट् ।

8.3.30

नश्च ।

8.3.31

शि तुक् ।

8.3.32

ङमो ह्रस्वादचि ङमुण्णित्यम् ।

8.3.33

मय उञो वो वा ।

8.3.34

विसर्जनीयस्य सः ।

8.3.36

वा शरि ।

8.3.37

कुप्वोः XकXपौ च ।

8.3.46

अतः कृकमिकंसकुम्भपात्रकुशाकर्णीष्वनव्ययस्य ।

8.3.48

कस्कादिषु च ।

8.3.56

सहेः साडः सः ।

8.3.58

नुम्विसर्जनीयशर्व्यवायेऽपि ।

8.3.59

आदेशप्रत्यययोः ।

8.3.60

शासिवसिघसीनां च ।

8.3.67

स्तम्भेः ।

8.3.76

स्फुरतिस्फुलत्योर्निर्निविभ्यः ।

8.3.78

इणः षीध्वंलुङ्लिटां धोऽङ्गात् ।

8.3.79

विभाषेटः ।

8.3.87

उपसर्गप्रादुर्भ्यामस्तिर्यच्परः ।

8.3.111

सात्पदाद्योः ।

# अष्टम अध्याय - चतुर्थ पाद

8.4.1

रषाभ्यां नो णः समानपदे ।

8.4.2

अट्कुप्वाङ्नुम्व्यवायेऽपि ।

8.4.3

पूर्वपदात् संज्ञायामगः ।

8.4.12

एकाजुत्तरपदे णः ।

8.4.14

उपसर्गादसमासेऽपि णोपदेशस्य ।

8.4.15

हिनुमीना ।

8.4.16

आनि लोट् ।

8.4.17

नेर्गदनदपतपदघुमास्यतिहन्तियातिवातिद्रातिप्साति

वपतिवहतिशाम्यतिचिनोतिदेग्धिषु च ।

8.4.37

पदान्तस्य ।

8.4.39

क्षुभ्नाssदिषु च ।

8.4.40

स्तोः श्चुना श्चुः ।

8.4.41

ष्टुना ष्टुः ।

8.4.42

न पदान्ताट्टोरनाम् ।

8.4.43

तोः षि ।

8.4.44

शात् ।

8.4.45

यरोऽनुनासिकेऽनुनासिको वा ।

8.4.46

अचो रहाभ्यां द्वे ।

8.4.47

अनचि च ।

8.4.49

शरोऽचि ।

8.4.53

झलां जश् झशि ।

8.4.54

अभ्यासे चर्च ।

8.4.55

खरि च ।

8.4.56

वाऽवसाने ।

8.4.58

अनुस्वारस्य ययि परसवर्णः ।

8.4.59

वा पदान्तस्य ।

8.4.60

तोर्लि ।

8.4.61

उदः स्थास्तम्भोः पूर्वस्य ।

8.4.62

झयो होऽन्यतरस्याम् ।

8.4.63

शश्छोऽटि ।

8.4.64

हलो यमां यमि लोपः ।

8.4.65

झरो झरि सवर्णे ।

www.ingramcontent.com/pod-product-compliance
Lightning Source LLC
Chambersburg PA
CBHW071312140726
47996CB00005B/1740